COOKING M

METRIC TO US CONVERSIONS

1 MILLILITER	1/5 TEASPOON
5 ML	1 TEASPOON
15 ML	1 TABLESPOON
30 ML	1 FLUID OZ.
100 ML	3.4 FLUID OZ.
240 ML	1 CUP
1 LITER	34 FLUID OZ.
1 LITER	4.2 CUPS
1 LITER	2.1 PINTS
1 LITER	1.06 QUARTS
1 LITER	0.26 GALLON
1 GRAM	0.035 OUNCE
100 GRAMS	3.5 OUNCES
500 GRAMS	1.10 POUNDS
1 KILOGRAM	2.205 POUNDS
1 KILOGRAM	35 OZ.

DRY VOLUME MEASUREMENTS

1/16 TEASPOON	DASH
1/8 TEASPOON	A PINCH
3 TEASPOONS	1 TABLESPOON
1/8 CUP	2 TABLESPOONS
1/4 CUP	4 TABLESPOONS
1/2 CUP	8 TABLESPOONS
3/4 CUP	12 TABLESPOONS
1 CUP	16 TABLESPOONS
1 POUND	16 OUNCES

LIQUID VOLUME MEASUREMENTS

8 FLUID OUNCES	1 CUP
1 PINT	2 CUPS
1 QUART	2 PINTS
1 GALLON	4 QUARTS

CONTENTS

MY MENU

PAGES

RECIPE NAME: _____
SERVES: _____ COOKTIME: _____ OVEN TEMP: _____

INGREDIENTS:

_____ _____
_____ _____
_____ _____
_____ _____
_____ _____
_____ _____

DIRECTIONS: _____
_____
_____
_____
_____
_____
_____
_____
_____
_____
_____

_____   NOTES:
                             _____
_____ _____
                             _____
_____ _____

RECIPE NAME: _____
SERVES: _____ COOKTIME: _____ OVEN TEMP: _____

INGREDIENTS:
_____ _____
_____ _____
_____ _____
_____ _____
_____ _____
_____ _____

DIRECTIONS: _____
_____
_____
_____
_____
_____
_____
_____
_____
_____
_____

_____   NOTES:
_____ _____
_____ _____
_____ _____
_____

RECIPE NAME: _____
SERVES: _____ COOKTIME: _____ OVEN TEMP: _____

INGREDIENTS:

_____   _____
_____   _____
_____   _____
_____   _____
_____   _____
_____   _____

DIRECTIONS: _____
_____
_____
_____
_____
_____
_____
_____
_____
_____

NOTES:

_____   _____
_____   _____
_____   _____
_____

RECIPE NAME: _____

SERVES: _____ COOKTIME: _____ OVEN TEMP: _____

INGREDIENTS:

_____ _____
_____ _____
_____ _____
_____ _____
_____ _____
_____ _____

DIRECTIONS: _____

_____
_____
_____
_____
_____
_____
_____
_____
_____
_____

_____   NOTES:
_____   _____
_____   _____
_____   _____
_____   _____

RECIPE NAME: _____
SERVES: _____ COOKTIME: _____ OVEN TEMP: _____

INGREDIENTS:

_____ _____
_____ _____
_____ _____
_____ _____
_____ _____
_____ _____

DIRECTIONS: _____
_____
_____
_____
_____
_____
_____
_____
_____
_____
_____

NOTES:

_____
_____
_____
_____

RECIPE NAME: _____

SERVES: _____ **COOKTIME:** _____ **OVEN TEMP:** _____

INGREDIENTS:

_____ _____
_____ _____
_____ _____
_____ _____
_____ _____
_____ _____

DIRECTIONS: _____

_____
_____
_____
_____
_____
_____
_____
_____
_____

_____
_____   **NOTES:**
_____   _____
_____   _____
_____   _____

RECIPE NAME: _____

SERVES: _____ COOKTIME: _____ OVEN TEMP: _____

INGREDIENTS:

_____   _____
_____   _____
_____   _____
_____   _____
_____   _____
_____

DIRECTIONS: _____

_____
_____
_____
_____
_____
_____
_____
_____
_____

NOTES:

_____
_____
_____
_____

RECIPE NAME: _____

SERVES: _____ COOKTIME: _____ OVEN TEMP: _____

INGREDIENTS:

_____ _____
_____ _____
_____ _____
_____ _____
_____ _____
_____ _____

DIRECTIONS: _____

_____
_____
_____
_____
_____
_____
_____
_____
_____

_____
_____   **NOTES:**
_____   _____
_____   _____
_____   _____
_____   _____
_____

RECIPE NAME: _____
SERVES: _____ COOKTIME: _____ OVEN TEMP: _____

INGREDIENTS:

_____	_____
_____	_____
_____	_____
_____	_____
_____	_____
_____	_____

DIRECTIONS: _____

_____
_____
_____
_____
_____
_____
_____
_____
_____
_____

NOTES:

_____
_____
_____

RECIPE NAME: _____

SERVES: _____ COOKTIME: _____ OVEN TEMP: _____

INGREDIENTS:

_____ _____
_____ _____
_____ _____
_____ _____
_____ _____

DIRECTIONS: _____

_____
_____
_____
_____
_____
_____
_____
_____

_____
_____   **NOTES:**
_____   _____
_____   _____
_____   _____
_____   _____

RECIPE NAME: _____

SERVES: _____ COOKTIME: _____ OVEN TEMP: _____

INGREDIENTS:

_____   _____
_____   _____
_____   _____
_____   _____
_____   _____
_____   _____

DIRECTIONS: _____

_____
_____
_____
_____
_____
_____
_____
_____
_____

_____
                                NOTES:
_____   _____
_____   _____
_____   _____

RECIPE NAME: _____
SERVES: _____ COOKTIME: _____ OVEN TEMP: _____

INGREDIENTS:
_____   _____
_____   _____
_____   _____
_____   _____
_____   _____
_____   _____

DIRECTIONS: _____
_____
_____
_____
_____
_____
_____
_____
_____
_____
_____
_____   NOTES:
_____   _____
_____   _____
_____   _____
_____   _____

RECIPE NAME: _____
SERVES: _____ COOKTIME: _____ OVEN TEMP: _____

INGREDIENTS:

_____ _____
_____ _____
_____ _____
_____ _____
_____ _____
_____ _____

DIRECTIONS: _____
_____
_____
_____
_____
_____
_____
_____
_____
_____
_____
_____

NOTES:
_____
_____
_____
_____

RECIPE NAME: _____

SERVES: _____ COOKTIME: _____ OVEN TEMP: _____

INGREDIENTS:

_____ _____
_____ _____
_____ _____
_____ _____
_____ _____

DIRECTIONS: _____

_____
_____
_____
_____
_____
_____
_____
_____
_____

_____

_____   NOTES:

_____   _____

_____   _____

_____   _____

RECIPE NAME: _____
SERVES: _____ COOKTIME: _____ OVEN TEMP: _____

INGREDIENTS:
_____ _____
_____ _____
_____ _____
_____ _____
_____ _____
_____ _____

DIRECTIONS: _____
_____
_____
_____
_____
_____
_____
_____
_____
_____
_____

NOTES:

_____ _____
_____ _____
_____ _____
_____ _____
_____

RECIPE NAME: _____
SERVES: _____ COOKTIME: _____ OVEN TEMP: _____

INGREDIENTS:

_____	_____
_____	_____
_____	_____
_____	_____
_____	_____

DIRECTIONS: _____
_____
_____
_____
_____
_____
_____
_____
_____
_____

NOTES:
_____
_____
_____

RECIPE NAME: _____
SERVES: _____ COOKTIME: _____ OVEN TEMP: _____

INGREDIENTS:

_____ _____
_____ _____
_____ _____
_____ _____
_____ _____
_____ _____

DIRECTIONS: _____
_____
_____
_____
_____
_____
_____
_____
_____
_____
_____

_____   **NOTES:**
_____   _____
_____   _____
_____   _____

RECIPE NAME: _____
SERVES: _____ COOKTIME: _____ OVEN TEMP: _____

INGREDIENTS:

_____ _____
_____ _____
_____ _____
_____ _____
_____ _____
_____

DIRECTIONS: _____
_____
_____
_____
_____
_____
_____
_____
_____
_____
_____

NOTES:

_____ _____
_____ _____
_____
_____

RECIPE NAME: _____
SERVES: _____ COOKTIME: _____ OVEN TEMP: _____

INGREDIENTS:

_____   _____
_____   _____
_____   _____
_____   _____
_____   _____
_____   _____

DIRECTIONS: _____
_____
_____
_____
_____
_____
_____
_____
_____
_____
_____

NOTES:
_____   _____
_____   _____
_____   _____
_____   _____

RECIPE NAME: _____

SERVES: _____ COOKTIME: _____ OVEN TEMP: _____

INGREDIENTS:

DIRECTIONS:

NOTES:

RECIPE NAME: _____
SERVES: _____ COOKTIME: _____ OVEN TEMP: _____

INGREDIENTS:

_____	_____
_____	_____
_____	_____
_____	_____
_____	_____
_____	_____

DIRECTIONS: _____
_____
_____
_____
_____
_____
_____
_____
_____
_____

NOTES:

_____
_____
_____
_____

RECIPE NAME: _____
SERVES: _____ **COOKTIME:** _____ **OVEN TEMP:** _____

INGREDIENTS:

_____   _____
_____   _____
_____   _____
_____   _____
_____   _____

DIRECTIONS: _____

_____
_____
_____
_____
_____
_____
_____
_____
_____
_____

NOTES:
_____
_____
_____
_____

RECIPE NAME: _____
SERVES: _____ COOKTIME: _____ OVEN TEMP: _____

INGREDIENTS:

_____ _____
_____ _____
_____ _____
_____ _____
_____ _____
_____ _____

DIRECTIONS: _____
_____
_____
_____
_____
_____
_____
_____
_____
_____
_____ **NOTES:**
_____ _____
_____ _____
_____ _____

RECIPE NAME: _____

SERVES: _____ COOKTIME: _____ OVEN TEMP: _____

INGREDIENTS:

_____   _____
_____   _____
_____   _____
_____   _____
_____   _____
_____   _____

DIRECTIONS: _____

_____
_____
_____
_____
_____
_____
_____
_____
_____

_____
_____   **NOTES:**
_____   _____
_____   _____
_____   _____

RECIPE NAME: _____
SERVES: _____ COOKTIME: _____ OVEN TEMP: _____

INGREDIENTS:

_____ _____
_____ _____
_____ _____
_____ _____
_____ _____
_____ _____

DIRECTIONS: _____
_____
_____
_____
_____
_____
_____
_____
_____
_____

NOTES:

_____ _____
_____ _____
_____ _____
_____

RECIPE NAME: _____
SERVES: _____ COOKTIME: _____ OVEN TEMP: _____

INGREDIENTS:

DIRECTIONS:

NOTES:

RECIPE NAME: _____
SERVES: _____ COOKTIME: _____ OVEN TEMP: _____

INGREDIENTS:

_____ _____
_____ _____
_____ _____
_____ _____
_____ _____
_____ _____

DIRECTIONS: _____
_____
_____
_____
_____
_____
_____
_____
_____
_____
_____
_____   **NOTES:**
_____   _____
_____   _____
_____   _____
_____   _____

RECIPE NAME: _____

SERVES: _____ COOKTIME: _____ OVEN TEMP: _____

INGREDIENTS:

_____   _____
_____   _____
_____   _____
_____   _____
_____   _____

DIRECTIONS: _____

_____
_____
_____
_____
_____
_____
_____
_____

_____
_____   NOTES:
_____   _____
_____   _____
_____   _____
_____   _____

RECIPE NAME: _____

SERVES: _____ COOKTIME: _____ OVEN TEMP: _____

INGREDIENTS:

_____   _____
_____   _____
_____   _____
_____   _____
_____   _____
_____   _____

DIRECTIONS: _____

_____
_____
_____
_____
_____
_____
_____
_____

_____

_____   **NOTES:**

_____   _____

_____   _____

_____   _____

RECIPE NAME: _____

SERVES: _____ **COOKTIME:** _____ **OVEN TEMP:** _____

INGREDIENTS:

_____ _____
_____ _____
_____ _____
_____ _____
_____ _____

DIRECTIONS: _____

_____
_____
_____
_____
_____
_____
_____

_____
_____   **NOTES:**
_____   _____
_____   _____
_____   _____

RECIPE NAME: _____

SERVES: _____ COOKTIME: _____ OVEN TEMP: _____

INGREDIENTS:

_____	_____
_____	_____
_____	_____
_____	_____
_____	_____
_____	_____

DIRECTIONS: _____

_____
_____
_____
_____
_____
_____
_____
_____
_____
_____
_____
_____

NOTES:

_____
_____
_____
_____

RECIPE NAME: _____

SERVES: _____ COOKTIME: _____ OVEN TEMP: _____

INGREDIENTS:

_____ _____
_____ _____
_____ _____
_____ _____
_____ _____

DIRECTIONS: _____

_____
_____
_____
_____
_____
_____
_____
_____
_____
_____

NOTES:

_____
_____
_____
_____

RECIPE NAME: _____
SERVES: _____ COOKTIME: _____ OVEN TEMP: _____

INGREDIENTS:

_____ _____
_____ _____
_____ _____
_____ _____
_____ _____
_____ _____

DIRECTIONS: _____
_____
_____
_____
_____
_____
_____
_____
_____
_____

_____
_____   **NOTES:**
_____   _____
_____   _____
_____   _____

RECIPE NAME: _____
SERVES: _____ COOKTIME: _____ OVEN TEMP: _____

INGREDIENTS:

_____ _____
_____ _____
_____ _____
_____ _____
_____ _____

DIRECTIONS: _____
_____
_____
_____
_____
_____
_____
_____
_____
_____

_____ NOTES:
_____ _____
_____ _____
_____

RECIPE NAME: _____
SERVES: _____ COOKTIME: _____ OVEN TEMP: _____

INGREDIENTS:

DIRECTIONS: _____

NOTES:

RECIPE NAME: _____
SERVES: _____ COOKTIME: _____ OVEN TEMP: _____

INGREDIENTS:

DIRECTIONS:

NOTES:

RECIPE NAME: _____
SERVES: _____ COOKTIME: _____ OVEN TEMP: _____

INGREDIENTS:

_____   _____
_____   _____
_____   _____
_____   _____
_____   _____
_____   _____

DIRECTIONS: _____
_____
_____
_____
_____
_____
_____
_____
_____
_____
_____

_____
_____   **NOTES:**
_____   _____
_____   _____
_____   _____

RECIPE NAME: _____

SERVES: _____ **COOKTIME:** _____ **OVEN TEMP:** _____

INGREDIENTS:

_____ _____
_____ _____
_____ _____
_____ _____
_____ _____
_____ _____

DIRECTIONS: _____

_____
_____
_____
_____
_____
_____
_____
_____
_____
_____
_____

NOTES:

_____
_____ _____
_____ _____
_____ _____
_____

RECIPE NAME: _____
SERVES: _____ COOKTIME: _____ OVEN TEMP: _____

INGREDIENTS:
_____   _____
_____   _____
_____   _____
_____   _____
_____   _____
_____   _____

DIRECTIONS: _____
_____
_____
_____
_____
_____
_____
_____
_____
_____

NOTES:
_____   _____
_____   _____
_____
_____

RECIPE NAME: _____

SERVES: _____ **COOKTIME:** _____ **OVEN TEMP:** _____

INGREDIENTS:

_____   _____
_____   _____
_____   _____
_____   _____
_____   _____
_____   _____

DIRECTIONS: _____

_____
_____
_____
_____
_____
_____
_____
_____
_____
_____

_____   **NOTES:**
_____   _____
_____   _____
_____   _____
_____

RECIPE NAME: _____
SERVES: _____ COOKTIME: _____ OVEN TEMP: _____

INGREDIENTS:
_____ _____
_____ _____
_____ _____
_____ _____
_____ _____
_____ _____

DIRECTIONS: _____
_____
_____
_____
_____
_____
_____
_____
_____
_____
_____   NOTES:
_____   _____
_____   _____
_____   _____

RECIPE NAME: _____
SERVES: _____ COOKTIME: _____ OVEN TEMP: _____

INGREDIENTS:

_____ _____
_____ _____
_____ _____
_____ _____
_____ _____
_____ _____

DIRECTIONS: _____
_____
_____
_____
_____
_____
_____
_____
_____
_____

NOTES:
_____
_____
_____

RECIPE NAME: _____

SERVES: _____ COOKTIME: _____ OVEN TEMP: _____

INGREDIENTS:

_____ _____
_____ _____
_____ _____
_____ _____
_____ _____
_____ _____

DIRECTIONS: _____

_____
_____
_____
_____
_____
_____
_____
_____
_____
_____

NOTES:

_____
_____
_____
_____

RECIPE NAME: _____
SERVES: _____ COOKTIME: _____ OVEN TEMP: _____

INGREDIENTS:

_____ _____
_____ _____
_____ _____
_____ _____
_____ _____

DIRECTIONS: _____
_____
_____
_____
_____
_____
_____
_____
_____
_____

_____ NOTES:
_____ _____
_____ _____
_____ _____

RECIPE NAME: _____
SERVES: _____ COOKTIME: _____ OVEN TEMP: _____

INGREDIENTS:

_____ _____
_____ _____
_____ _____
_____ _____
_____ _____
_____ _____

DIRECTIONS: _____
_____
_____
_____
_____
_____
_____
_____
_____
_____

NOTES:

_____
_____
_____
_____

RECIPE NAME: _____

SERVES: _____ COOKTIME: _____ OVEN TEMP: _____

INGREDIENTS:

DIRECTIONS:

NOTES:

RECIPE NAME: _____
SERVES: _____ COOKTIME: _____ OVEN TEMP: _____

INGREDIENTS:
_____   _____
_____   _____
_____   _____
_____   _____
_____   _____
_____   _____

DIRECTIONS: _____
_____
_____
_____
_____
_____
_____
_____
_____
_____
                         NOTES:
_____   _____
_____   _____
_____   _____
_____

RECIPE NAME: _____

SERVES: _____ COOKTIME: _____ OVEN TEMP: _____

INGREDIENTS:

_____ _____
_____ _____
_____ _____
_____ _____
_____ _____
_____ _____

DIRECTIONS: _____

_____
_____
_____
_____
_____
_____
_____
_____
_____

_____
_____   NOTES:
_____   _____
_____   _____
_____   _____
_____   _____

RECIPE NAME: _____

SERVES: _____ COOKTIME: _____ OVEN TEMP: _____

INGREDIENTS:

DIRECTIONS:

NOTES:

RECIPE NAME: _____
SERVES: _____ COOKTIME: _____ OVEN TEMP: _____

INGREDIENTS:
_____   _____
_____   _____
_____   _____
_____   _____
_____   _____

DIRECTIONS: _____
_____
_____
_____
_____
_____
_____
_____
_____
_____

NOTES:
_____
_____
_____
_____

RECIPE NAME: _____

SERVES: _____ COOKTIME: _____ OVEN TEMP: _____

INGREDIENTS:

_____   _____
_____   _____
_____   _____
_____   _____
_____   _____
_____   _____

DIRECTIONS: _____

_____
_____
_____
_____
_____
_____
_____
_____
_____

_____
_____   NOTES:
_____   _____
_____   _____
_____   _____
_____

RECIPE NAME: _____
SERVES: _____ COOKTIME: _____ OVEN TEMP: _____

INGREDIENTS:

DIRECTIONS: _____

NOTES:

RECIPE NAME: _____

SERVES: _____ COOKTIME: _____ OVEN TEMP: _____

INGREDIENTS:

_____   _____
_____   _____
_____   _____
_____   _____
_____   _____
_____   _____

DIRECTIONS: _____

_____
_____
_____
_____
_____
_____
_____
_____
_____

_____   **NOTES:**
_____
_____   _____
_____   _____
_____   _____
_____   _____

RECIPE NAME: _____
SERVES: _____ **COOKTIME:** _____ **OVEN TEMP:** _____

INGREDIENTS:

_____ _____
_____ _____
_____ _____
_____ _____
_____ _____
_____ _____

DIRECTIONS: _____
_____
_____
_____
_____
_____
_____
_____
_____
_____

NOTES:
_____
_____
_____
_____

_____
_____
_____

RECIPE NAME: _____
SERVES: _____ COOKTIME: _____ OVEN TEMP: _____

INGREDIENTS:

DIRECTIONS: _____

NOTES:

RECIPE NAME: _____
SERVES: _____ COOKTIME: _____ OVEN TEMP: _____

INGREDIENTS:

_____   _____
_____   _____
_____   _____
_____   _____
_____   _____
_____   _____

DIRECTIONS: _____
_____
_____
_____
_____
_____
_____
_____
_____
_____

NOTES:
_____
_____
_____
_____

RECIPE NAME: _____

SERVES: _____ COOKTIME: _____ OVEN TEMP: _____

INGREDIENTS:

DIRECTIONS: _____

NOTES:

RECIPE NAME: _____
SERVES: _____ COOKTIME: _____ OVEN TEMP: _____

INGREDIENTS:

_____   _____
_____   _____
_____   _____
_____   _____
_____   _____

DIRECTIONS: _____

_____
_____
_____
_____
_____
_____
_____
_____
_____

_____   **NOTES:**
_____   _____
_____   _____
_____   _____
                       _____

RECIPE NAME: _____
SERVES: _____ COOKTIME: _____ OVEN TEMP: _____

INGREDIENTS:

_____   _____
_____   _____
_____   _____
_____   _____
_____   _____
_____   _____

DIRECTIONS: _____
_____
_____
_____
_____
_____
_____
_____
_____
_____
_____
_____   NOTES:
_____   _____
_____   _____
_____   _____
_____

RECIPE NAME: _____
SERVES: _____ COOKTIME: _____ OVEN TEMP: _____

INGREDIENTS:

DIRECTIONS:

NOTES:

RECIPE NAME: _____

SERVES: _____ COOKTIME: _____ OVEN TEMP: _____

INGREDIENTS:

DIRECTIONS:

NOTES:

RECIPE NAME: _____
SERVES: _____ COOKTIME: _____ OVEN TEMP: _____

INGREDIENTS:

_____ _____
_____ _____
_____ _____
_____ _____
_____ _____

DIRECTIONS: _____
_____
_____
_____
_____
_____
_____
_____
_____
_____
_____   NOTES:
_____   _____
_____   _____
_____   _____

RECIPE NAME: _____
SERVES: _____ COOKTIME: _____ OVEN TEMP: _____

INGREDIENTS:

DIRECTIONS: _____

NOTES:

RECIPE NAME: _____

SERVES: _____ COOKTIME: _____ OVEN TEMP: _____

INGREDIENTS:

_____ _____
_____ _____
_____ _____
_____ _____
_____ _____

DIRECTIONS: _____

_____
_____
_____
_____
_____
_____
_____
_____

_____
_____   NOTES:
_____   _____
_____   _____
_____   _____
_____   _____

RECIPE NAME: _____

SERVES: _____ COOKTIME: _____ OVEN TEMP: _____

INGREDIENTS:

_____   _____
_____   _____
_____   _____
_____   _____
_____   _____
_____   _____

DIRECTIONS: _____

_____
_____
_____
_____
_____
_____
_____
_____
_____

_____
_____   **NOTES:**
_____   _____
_____   _____
_____   _____
_____   _____

RECIPE NAME: _____
SERVES: _____ COOKTIME: _____ OVEN TEMP: _____

INGREDIENTS:
_____ _____
_____ _____
_____ _____
_____ _____
_____ _____

DIRECTIONS: _____
_____
_____
_____
_____
_____
_____
_____
_____
_____ NOTES:
_____ _____
_____ _____
_____ _____
_____ _____

RECIPE NAME: _____

SERVES: _____ COOKTIME: _____ OVEN TEMP: _____

INGREDIENTS:

DIRECTIONS: _____

NOTES:

RECIPE NAME: _____

SERVES: _____ COOKTIME: _____ OVEN TEMP: _____

INGREDIENTS:

DIRECTIONS: _____

NOTES:

RECIPE NAME: _____

SERVES: _____ COOKTIME: _____ OVEN TEMP: _____

INGREDIENTS:

DIRECTIONS:

NOTES:

RECIPE NAME: _____
SERVES: _____ COOKTIME: _____ OVEN TEMP: _____

INGREDIENTS:

DIRECTIONS: _____

NOTES:

RECIPE NAME: _____

SERVES: _____ COOKTIME: _____ OVEN TEMP: _____

INGREDIENTS:

DIRECTIONS:

NOTES:

RECIPE NAME: _____
SERVES: _____ COOKTIME: _____ OVEN TEMP: _____

INGREDIENTS:
_____ _____
_____ _____
_____ _____
_____ _____
_____ _____

DIRECTIONS: _____
_____
_____
_____
_____
_____
_____
_____
_____
_____

NOTES:
_____
_____
_____
_____

RECIPE NAME: _____
SERVES: _____ COOKTIME: _____ OVEN TEMP: _____

INGREDIENTS:

DIRECTIONS: _____

NOTES:

RECIPE NAME: _____
SERVES: _____ COOKTIME: _____ OVEN TEMP: _____

INGREDIENTS:

DIRECTIONS:

NOTES:

RECIPE NAME: _____

SERVES: _____ COOKTIME: _____ OVEN TEMP: _____

INGREDIENTS:

_____   _____
_____   _____
_____   _____
_____   _____
_____   _____
_____   _____

DIRECTIONS: _____

_____
_____
_____
_____
_____
_____
_____
_____
_____

_____
_____   NOTES:
_____   _____
_____   _____
_____   _____
_____   _____

RECIPE NAME: _____
SERVES: _____ COOKTIME: _____ OVEN TEMP: _____

INGREDIENTS:

_____   _____
_____   _____
_____   _____
_____   _____
_____   _____
_____   _____

DIRECTIONS: _____
_____
_____
_____
_____
_____
_____
_____
_____

_____
_____   NOTES:
_____   _____
_____   _____
_____   _____
_____   _____

RECIPE NAME: _____

SERVES: _____ COOKTIME: _____ OVEN TEMP: _____

INGREDIENTS:

_____   _____
_____   _____
_____   _____
_____   _____
_____   _____
_____

DIRECTIONS: _____

_____
_____
_____
_____
_____
_____
_____
_____
_____
_____
_____   NOTES:
_____   _____
_____   _____
_____   _____
_____   _____

RECIPE NAME: _____
SERVES: _____ COOKTIME: _____ OVEN TEMP: _____

INGREDIENTS:

_____   _____
_____   _____
_____   _____
_____   _____
_____   _____

DIRECTIONS: _____
_____
_____
_____
_____
_____
_____
_____
_____
_____   NOTES:
_____   _____
_____   _____
_____   _____

RECIPE NAME: _____

SERVES: _____ COOKTIME: _____ OVEN TEMP: _____

INGREDIENTS:

DIRECTIONS: _____

NOTES:

RECIPE NAME: _____
SERVES: _____ COOKTIME: _____ OVEN TEMP: _____

INGREDIENTS:

DIRECTIONS: _____

NOTES:

RECIPE NAME: _____
SERVES: _____ COOKTIME: _____ OVEN TEMP: _____

INGREDIENTS:

_____   _____
_____   _____
_____   _____
_____   _____
_____   _____
_____   _____

DIRECTIONS: _____

_____
_____
_____
_____
_____
_____
_____
_____
_____
_____
_____   **NOTES:**
_____   _____
_____   _____
_____   _____
_____   _____

RECIPE NAME: _____
SERVES: _____ COOKTIME: _____ OVEN TEMP: _____

INGREDIENTS:

_____ _____
_____ _____
_____ _____
_____ _____
_____ _____

DIRECTIONS: _____
_____
_____
_____
_____
_____
_____
_____
_____
_____
_____
_____   NOTES:
_____   _____
_____   _____
_____   _____
_____   _____

RECIPE NAME: _____
SERVES: _____ COOKTIME: _____ OVEN TEMP: _____

INGREDIENTS:

_____ _____
_____ _____
_____ _____
_____ _____
_____ _____
_____ _____

DIRECTIONS: _____
_____
_____
_____
_____
_____
_____
_____
_____
_____
_____   **NOTES:**
_____   _____
_____   _____
_____   _____
_____   _____

RECIPE NAME: _____
SERVES: _____ COOKTIME: _____ OVEN TEMP: _____

INGREDIENTS:

_____   _____
_____   _____
_____   _____
_____   _____
_____   _____
_____

DIRECTIONS: _____
_____
_____
_____
_____
_____
_____
_____
_____
_____
_____

NOTES:

_____   _____
_____   _____
_____   _____
_____

RECIPE NAME: _____

SERVES: _____ COOKTIME: _____ OVEN TEMP: _____

INGREDIENTS:

DIRECTIONS: _____

NOTES:

RECIPE NAME: _____
SERVES: _____ COOKTIME: _____ OVEN TEMP: _____

INGREDIENTS:

DIRECTIONS:

NOTES:

RECIPE NAME: _____

SERVES: _____ COOKTIME: _____ OVEN TEMP: _____

INGREDIENTS:

_____   _____
_____   _____
_____   _____
_____   _____
_____   _____
_____

DIRECTIONS: _____

_____
_____
_____
_____
_____
_____
_____
_____
_____

_____
_____   NOTES:
_____   _____
_____   _____
_____   _____
_____   _____

RECIPE NAME: _____
SERVES: _____ COOKTIME: _____ OVEN TEMP: _____

INGREDIENTS:

DIRECTIONS:

NOTES:

RECIPE NAME: _____
SERVES: _____ COOKTIME: _____ OVEN TEMP: _____

INGREDIENTS:

_____ _____
_____ _____
_____ _____
_____ _____
_____ _____
_____

DIRECTIONS: _____
_____
_____
_____
_____
_____
_____
_____
_____
_____
_____   NOTES:
_____   _____
_____   _____
_____   _____
_____   _____

RECIPE NAME: _____
SERVES: _____ COOKTIME: _____ OVEN TEMP: _____

INGREDIENTS:

DIRECTIONS:

NOTES:

RECIPE NAME: _____

SERVES: _____ COOKTIME: _____ OVEN TEMP: _____

INGREDIENTS:

_____ _____
_____ _____
_____ _____
_____ _____
_____ _____
_____ _____

DIRECTIONS: _____

_____
_____
_____
_____
_____
_____
_____
_____
_____
_____

_____   NOTES:
_____   _____
_____   _____
_____   _____
_____

RECIPE NAME: _____
SERVES: _____ COOKTIME: _____ OVEN TEMP: _____

INGREDIENTS:

DIRECTIONS:

NOTES:

RECIPE NAME: _____

SERVES: _____ COOKTIME: _____ OVEN TEMP: _____

INGREDIENTS:

_____   _____
_____   _____
_____   _____
_____   _____
_____   _____
_____

DIRECTIONS: _____

_____
_____
_____
_____
_____
_____
_____
_____
_____

_____   **NOTES:**
_____   _____
_____   _____
_____   _____
_____   _____

RECIPE NAME: _____
SERVES: _____ COOKTIME: _____ OVEN TEMP: _____

INGREDIENTS:

DIRECTIONS:

NOTES:

RECIPE NAME: _____

SERVES: _____ COOKTIME: _____ OVEN TEMP: _____

INGREDIENTS:

DIRECTIONS: _____

NOTES:

RECIPE NAME: _____

SERVES: _____ COOKTIME: _____ OVEN TEMP: _____

INGREDIENTS:

_____ _____
_____ _____
_____ _____
_____ _____
_____ _____

DIRECTIONS: _____

_____
_____
_____
_____
_____
_____
_____
_____

_____ NOTES:
_____ _____
_____ _____
_____ _____
_____

RECIPE NAME: _____

SERVES: _____ COOKTIME: _____ OVEN TEMP: _____

INGREDIENTS:

_____   _____
_____   _____
_____   _____
_____   _____
_____   _____
_____   _____

DIRECTIONS: _____

_____
_____
_____
_____
_____
_____
_____
_____

_____
_____   NOTES:
_____   _____
_____   _____
_____   _____
_____   _____

RECIPE NAME: _____
SERVES: _____ COOKTIME: _____ OVEN TEMP: _____

INGREDIENTS:

_____   _____
_____   _____
_____   _____
_____   _____
_____   _____

DIRECTIONS: _____
_____
_____
_____
_____
_____
_____
_____

_____   NOTES:
_____   _____
_____   _____
_____   _____
_____

RECIPE NAME: _____
SERVES: _____ COOKTIME: _____ OVEN TEMP: _____

INGREDIENTS:

DIRECTIONS: _____

NOTES:

RECIPE NAME: _____
SERVES: _____ COOKTIME: _____ OVEN TEMP: _____

INGREDIENTS:

DIRECTIONS: _____

NOTES:

Made in the USA
Middletown, DE
11 December 2017